CHARLES PRUVOT

...rvice
...l'Alsace

[... LORRAINE]

... et quoi qu'on fasse,
... cœur de place,
... ville Alsace ...

... RIAN.

CINQ...

L...

PARIS

EDITIONS DE " LA PENS[ÉE] ..."

28, rue Berthollet, 28

—

MCMV

Au Service de l'Alsace

DU MÊME AUTEUR

ONT PARU :

QUELQUES RIMES. Un vol. in-16 jésus, avec un portrait
par Edmond Rocher. — *Tirage sur vélin.* . . . . . 3 fr.

VOYAGE AU HARZ, traduction nouvelle du poème de
Heinrich Heine. — *Une plaq. in-16 jésus.* . . . . 1 fr.

BOULEDESON, comédie adaptée de l'allemand (en collaboration avec Ch. Florentin). — *Un vol. in-8° raisin.* . . 3 fr.

SOUS PRESSE :

LE SECRET DU BONHEUR, étude morale.

EN PRÉPARATION :

LA CULTURE PERSONNELLE, essai sociologique.
NOT' FILLE, nouvelles.
LE CALVAIRE DU BONHEUR, roman (en collaboration).

CHARLES PRUVOT

Au Service de l'Alsace

[La Question d'Alsace-Lorraine]

Quoi que l'on dise et quoi qu'on fasse,
On changera plutôt le cœur de place,
Que de changer la vieille Alsace !

ERCKMANN-CHATRIAN.

CINQUANTE CENTIMES

PARIS

EDITIONS DE " LA PENSÉE "
28, rue Berthollet, 28

MCMV

A ÉMILE STRAUS

UN FILS DE L'ALSACE

AMICALEMENT

JE DÉDIE CES PAGES

Ch. P.

1ᵉʳ mai 1905.

AU SERVICE DE L'ALSACE

Nous autres, Français de France, toujours — même lorsque l'Alsace était encore française — avons été plus ou moins ignorants et incurieux de la vie et de la pensée alsaciennes, de ce petit peuple d'une individualité si accentuée et si pittoresque, qui englobait dans un même amour, tendre et grave, et son pays natal et la grande France.

Depuis, l'attention publique, violemment secouée par le coup sanglant de 70 et maintenue en éveil par les articles de presse et les livres qu'il suscita, a commencé à s'intéresser un peu aux faits et gestes de l'Alsace et à se rendre compte combien ses habitants étaient de vrais et bons Français.

Mais cette sympathie — posthume — n'est encore, à mon gré, ni assez intense, ni assez générale. Cette obstinée résistance des Alsaciens à la germanisation, cette lutte courageuse et incessante pour conserver leur personnalité est plus largement digne de notre admiration et de notre reconnaissance.

C'est ce dont, certainement, seront convaincus tous ceux — et je souhaite qu'ils soient nombreux — qui liront le beau livre que mon éminent compatriote M. Maurice Barrès vient d'écrire sur l'Alsace, sous le titre : *Au Service de l'Allemagne* (1), et où il fait de l'état actuel de l'âme alsacienne une magistrale analyse, une étude émue et émouvante.

****

Mes observations personnelles, recueillies durant de fréquents et souvent longs séjours au Pays annexé, m'incitent à apparier mon sentiment et mon opinion à ceux exprimés par Maurice Barrès.

Il apparaît clairement, en effet, qu'en dépit — et peut-être à raison — de la germanisation forcée et forcenée, cette mentalité originale de l'Alsacien, si profondément transformée par deux siècles de culture française, est demeurée intacte et vivace, même chez ceux qui entrent seulement dans la vie.

Un voyage en Alsace vous persuaderait de la vérité de cette assertion ; et d'autant plus aisément et plus vivement si vous parcouriez d'abord les régions voisines de la nouvelle frontière où, naturellement, notre langue et nos idées ont gardé une vigueur plus manifeste.

Comme le fait très justement remarquer Emile Straus, en son excellente mais trop brève étude sur *La Nouvelle Alsace* (2) : « Le français... est parlé par une fraction importante de la population, en une langue plus intelligible que celle d'Auvergne. La langue « welche » se cantonne dans la haute vallée de la Bruche, embrasse les districts de Sainte-Marie-aux-Mines, de la Poutroye,

(1) *Au Service de l'Allemagne*, par MAURICE BARRÈS. — Un vol. de la *Modern-Bibliothèque*, A. Fayard, édit., Paris. Prix : 1 fr. 50.

(2) *La Nouvelle Alsace*, par EMILE STRAUS. — Un vol. de la Bibliothèque de *La Critique* (Paris, 1902). Prix : 2 fr.

d'Orbey, court le long de la nouvelle frontière, enlace, près de Belfort, Dannemarie et va se perdre à la frontière suisse. Dans ces régions l'allemand, malgré l'école, le régiment, ne fait que de lents progrès. » C'est dire que la pensée française persiste en ces cerveaux.

Dans les familles de la bourgeoisie alsacienne, le français reste la langue du foyer, des relations amicales. On ne se résigne à l'emploi de l'allemand que dans les rapports obligés avec l'Administration. Quant au dialecte alsacien, c'est le parler courant, le langage usuel des commerçants, des ouvriers, des domestiques, du peuple, à tel point que l'on voit les immigrés allemands l'apprendre et le parler à leur tour.

Et cela est vrai pour la Basse-Alsace comme pour la Haute-Alsace. Mais, au rebours, il faut dire que l'allemand fait des progrès assez rapides pour que puisse s'éveiller la crainte de voir dans un avenir très prochain le français devenir bel et bien une langue étrangère et l'alsacien lui-même peu à peu perdre son rang de langue pour n'être plus qu'un informe patois. Dans les campagnes déjà, au point de vue du français, cette triste constatation est frappante. A part quelques paysans chenus qui ont été, jadis, au service de la France ; à part quelques vieux pasteurs et curés, tout le monde ne parle que l'alsacien et ne comprend que l'allemand. L'incessant apport d'alluvions germaniques, l'intrusion inévitable de mots germains dans les conversations finiront sans doute par modifier fâcheusement la contexture si alerte et si originale du dialecte alsacien, et par en éliminer petit à petit les termes qu'y avait introduits le doux parler de France et les idées qu'il y avait implantées à sa suite.

De ce jour c'en serait fait des ultimes vestiges de la

pensée française dans les pensées alsaciennes ; c'en serait fait aussi des âmes alsaciennes elles-mêmes, car elles auraient perdu, du même coup, ce qui constitue leur originalité, leur personnalité : à savoir cette âme où les brumes de Germanie s'éclairent du joyeux soleil de France, cet esprit où la froide et pratique raison teutonne s'allie si harmonieusement à la vive imagination française, cette gravité que tempère une souriante cordialité.

De ce jour la conquête serait définitivement établie.

*
* *

C'est ce qu'a parfaitement senti l'élite intellectuelle de cette terre d'Alsace, si profondément particulariste. Ne pouvant être effectivement française ; ne voulant pas non plus devenir allemande, elle a résolu de demeurer alsacienne. Or être alsacienne, c'est être encore française. Et bien qu'extérieurement elle soit « au service de l'Allemagne », elle est, au fond, de cœur et d'intelligence « au service de l'Alsace », au service de la civilisation française.

« Pendant la période française, dit M. A. Laugel, l'usage de leur dialecte national suffisait aux Alsaciens pour affirmer leur originalité, ils se glorifiaient d'être des Allemands français et personne ne leur contestait ce titre. Mais lorsque leur pays fut incorporé à l'Allemagne, et après le premier moment de stupeur, ils eurent le sentiment secret que, pour continuer cette affirmation d'eux-mêmes, il fallait, à tout prix, qu'ils se distinguassent des nouveaux compatriotes que les lois de la guerre leur avaient donnés. L'usage du français leur étant interdit, et la langue officielle ne suffisant plus pour établir la distinction qu'ils voulaient affirmer, ils devaient en arriver forcément à cultiver et, pour ainsi dire, à ennoblir ce patois national qui leur constitue une particularité incontestable. »

De ce sentiment, de cette idée a jailli ce mouvement de renaissance qui aujourd'hui s'est magnifiquement traduit, amplifié et épanoui à la fois dans la poésie, au théâtre et dans les beaux-arts.

C'est ce qu'en ces termes d'une lyrique envolée constate Emile Straus : « Dans la forêt qui s'éveille, qui bruit, qui jase, les jeunes ouvriers se hâtent pour aveindre, avec leur langue alsacienne, la branche où gîtent les oiseaux, dans mille étoiles éclatées, blanches et roses. Avec la lyre, le pinceau, le maillet, ils vont, hardis, dans l'universelle symphonie, et déjà le mouvement après s'être dessiné dans les idées se dessine dans les faits, parti de Strasbourg, cœur d'Alsace, la ville incomparable qui découpe sur l'horizon le profil gothique de ses tours et pignons, où gite la cigogne (1) ».

Nous ne voulons pas, ici, tracer un tableau de la nouvelle Alsace littéraire et artistique dont la floraison est déjà si vigoureuse, si éclatante et si prometteuse : cela nous entraînerait à dépasser les limites restreintes que nous avons fixées à cette petite étude. Cependant nous ne résisterons pas à la joie de dérober l'espace de quelques lignes pour y citer, au moins, les noms de quelque-suns de ces écrivains et de ces artistes alsaciens qui œuvrent aujourd'hui pour le maintien et la gloire du génie de leur langue et de leur race, de la *Patrie alsacienne*. Ce sera comme un salut que leur adresse notre fraternelle sympathie.

(1) *La Nouvelle Alsace*, p. 9.

Parmi les écrivains la première place appartient, sans conteste, à M. Gustave Stoskopf, poète et auteur comique qui est aussi un peintre apprécié. Il est l'auteur de cette amusante comédie : *D'r Herr Maire* (Monsieur l' Maire) que Paris, après Strasbourg, eut la bonne fortune d'applaudir et qui est une « manière de chef-d'œuvre ».

Ensuite nous nommerons M. Julius Greber, un Allemand « alsacianisé » qui fut un des collaborateurs de M. Stoskopf dans la fondation du *Théâtre alsacien* ; puis MM. Charles Hauss, Ferdinand Bastian, Ad. Horsch, Ch. Kettner, Aug. Michel, Muhleisen, Ad. Wolff, etc. qui sont également des auteurs du *Théâtre alsacien*.

Il nous faut encore signaler plusieurs des rédacteurs de la *Revue Alsacienne illustrée* : MM. Anselme Laugel, un des plus ardents propagateurs du mouvement néo-alsacien ; le Dr Dollinger ; le Dr Forrer, archéologue ; le Dr Gény, historien ; Paul Holl, écrivain militaire ; Adolphe Seyboth, conservateur du Musée et auteur d'ouvrages remarquables sur la ville de Strasbourg ; F. Kiener, historien ; Hugo Haug ; Eccard ; J. Erb, compositeur de musique ; Ernest Munch, A. Lorentz, etc.

Les artistes s'appellent : MM. Charles Spindler, l'artiste *alsacien*, par excellence, l'auteur de ces magnifiques *Images Alsaciennes* ; Albert Koerrtgé, aquarelliste et aquafortiste, auquel nous devons ces superbes *Vues pittoresques d'Alsace* qui le rangent désormais au nombre de nos meilleurs graveurs ; le caricaturiste Paul Braunagel ; Théodore Haus, peintre animalier ; Lothaire de Seebach, paysagiste merveilleux ; Léon Hornecker, portraitiste de valeur et aquarelliste ; Henri Loux, l'évocateur parfait des villages d'Alsace ; Léon Schnug, illustrateur de talent ;

les sculpteurs Henri Bischoff et Martzloff ; l'aquarelliste Gustave Kraft ; le lithographe Emile Schneider ; le pastelliste Georges Ritleng ; Lucien Blumer, Bastian, Camille Schlumberger, etc (1).

Un mot aussi sur les œuvres diverses — mais liées les unes aux autres — qu'ont créées ces vaillants rénovateurs et dans lesquelles s'unissent et se synthétisent leurs efforts pour une action plus vigoureuse et plus féconde.

C'est le *Théâtre Alsacien*, qui représente des pièces du terroir, écrites dans le dialecte d'Alsace ; c'est la *Revue Alsacienne illustrée*, qui, en évoquant le passé et en notant le présent, se donne pour mission de contribuer à « maintenir une conscience alsacienne » ; c'est encore le *Salon d'Art* de la *Revue Alsacienne*, « où sont exposées, pour la vente, des œuvres d'artistes alsaciens et lorrains, qui sont renouvelées mensuellement » ; c'est enfin le *Musée Alsacien*, de création récente, qui, par ses collections d'outils, de meubles, d'ustensiles, de costumes du temps passé, fait revivre, sous une forme concrète, la tradition et les coutumes de l'Alsace, et institue ainsi une puissante leçon de choses.

Cette résurgence de la vie nationale s'avère également dans le domaine économique et politique. L'Alsace aspire à l'autonomie, veut disposer librement d'elle-même et, dans ce but, s'efforce tenacement d'obtenir un gouvernement distinct et un parlement particulier. Là, la lutte est plus ardue ; mais nous croyons que son opiniâtre volonté de *vivre* finira par triompher de tous les obstacles.

---

(1) Aux lecteurs, sur ce sujet, nous recommandons deux études alertes et renseignées de M. Emile Straus : *Le Théâtre Alsacien* (1901), et *La Nouvelle Alsace* (1902). — Editions de *La Critique*, Paris.

*
* *

Quoi que l'avenir leur réserve, le devoir présent des Alsaciens est bien celui qu'ils se sont imposé : « *Retourner à leur vérité d'Alsaciens, formée héréditairement sous les mêmes influences et du même mouvement que la France* ». Et par cette action, ils servent leur petite patrie et à la fois continuent à servir leur ancienne grande patrie ; car, « en maintenant en Alsace le sang alsacien, ils maintiennent par suite la culture française ».

Ils ont mille fois raison de penser que « tenir à leur véritable nature », *servir l'Alsace* est pour eux la plus noble et la meilleure façon de supporter et de résoudre leur étrange et pénible situation : « préférer la France et servir l'Allemagne ! »

Cette conduite héroïque et sage est celle qui convient.

Ainsi, comme le juge très bien Maurice Barrès : « D'une équivoque est sortie une fière discipline, sans charme peut-être, ni gloire évidente, mais grave et qui réserve la force du passé avec l'espoir de l'avenir » (1).

(1) MAURICE BARRÈS : *Op. cit.*

⁂

Post-Scriptum.

Au service de l'Alsace! Plus nous réfléchissons, plus cette solution, cette conduite nous paraît être excellente et idoine à la situation présente des Alsaciens et comporter la meilleure solution provisoire de la question d'Alsace-Lorraine.

On ne saurait, en effet, raisonnablement exiger de nos frères d'Alsace qu'ils conservent éternellement leur attitude de protestataires intransigeants, dans l'espoir d'une revanche qui, tous les jours, se fait plus problématique.

Nous croyons même qu'on aurait tort, des deux côtés des Vosges, de s'hypnotiser sur cette idée d'une reprise par les armes des deux provinces ravies. La lutte serait terrible, et on ne peut prévoir auquel des deux adversaires irait la capricieuse victoire. Si nous sommes prêts, les Allemands ne le sont pas moins....

Il est donc plus sage et plus sûr de chercher les moyens de régler ce conflit pacifiquement, diplomatiquement.

C'est ce que pensent, au reste, les esprits pondérés, réfléchis et que ne fausse pas un chauvinisme détestable et ridicule.

On a émis plusieurs propositions dans le sens pacifique. D'aucuns projetaient d'offrir aux Allemands une nouvelle rançon de quelques milliards. En échange desquels l'Alsace et la Lorraine faisaient retour à la France. Idée absurde et naïve. Les Allemands seraient-ils assez bêtes pour accepter une telle compensation? Allons donc! Ils préfèrent nous voir garder en poches nos milliards qui

seraient vite dépensés comme l'ont été les cinq premiers ;
et eux, conserver ces pays fertiles et industrieux qui leur
assurent un joli revenu perpétuel. On ne vend pas une
poule qui pond des œufs d'or ! (1)

D'autres se sont avisés d'une proposition (2) qui n'est
guère plus réalisable et qui se ramène à un partage : la
Lorraine annexée redeviendrait française et les Allemands
demeureraient maîtres incontestés de l'Alsace. C'est une
cote mal taillée. Imagine-t-on que les Alsaciens sacrifiés
accepteraient sans légitimes récriminations qu'il soit ainsi
décidé, une nouvelle fois, de leur destinée et qu'encore
une fois on ne tienne aucun compte de leurs sentiments et
de leurs désirs? Non; et puis ce serait odieusement recon-
naître l'attachement qu'ils professent à l'égard de leur ancienne patrie et aussi les induire à penser que nos pleurs
d'antan — pourtant alors bien sincères — étaient plutôt
des pleurs de rage — rage d'avoir été battus — que des
larmes de pitié sur le sort de nos « malheureux frères ».
Combien les promoteurs de cette idée ont raison d'ajouter
qu'une telle solution n'est possible que sous la poussée —
illusoire — d'un grand mouvement populaire ! (3).

(1) Il se constitue actuellement une très grande ligue qui se donnerait
pour mission de réaliser le « rachat de l'Alsace-Lorraine », et dont les
promoteurs invoquent le précédent — tout proche de nous — du rachat
par l'Allemagne elle-même à l'Angleterre de l'île d'Heligoland. Les
ligueurs se proposent de soumettre la question au pays lors des pro-
chaines élections.

(2) C'est la solution préconisée par le général prussien en retraite
A. von der Lippe et qui, de nouveau agitée dans ces dernières semaines
(lettre de A. v. d. Lippe au *Figaro*), alimente les polémiques de plus
d'un journal de France et d'Allemagne.

(3) Dans la *Gazette de Cologne*, un Français, très en vue, qui, raconte-
t-il, pointa lui-même sur les remparts de Belfort, en qualité d'officier
supérieur de l'artillerie de la place, des canons qui tuèrent des milliers

Un troisième projet — très sensé celui-là, dont à première vue rien n'empêcherait absolument la mise en pratique et qui, tout au moins, mériterait les honneurs d'un sérieux examen — consiste en ceci : nous donnerions à l'Allemagne une de nos colonies — c'est Madagascar qui généralement est désigné — et l'Allemagne rétrocéderait à la France l'Alsace-Lorraine. En cette occurrence les Allemands ne pourraient pas se plaindre d'avoir passé un marché de dupes ; car Madagascar dont le territoire est plus étendu que celui de la France entière est une colonie d'avenir et dont la prospérité s'affirme déjà.

Pour clore cette brève revue des solutions de la question d'Alsace-Lorraine, nous mentionnerons — simplement à titre de curiosité — l'*hypothèse* que s'amuse à construire M. Saint-Alban, dans le fascicule du mois d'avril 1905 de *La Coopération des Idées*. Elle a pour point de départ la réponse d'un sociologue bien connu, M. Vacher de Lapouge, à l'enquête ouverte par un journal sur la question qui nous intéresse et où celui-là disait : « Ce que je voudrais pour commencer, c'est une France-Allemagne à la façon de l'Autriche-Hongrie ». Entre parenthèses, le modèle choisi ne nous semble ni très heureux, ni très persuasif. Donc M. Saint-Alban imagine l'établissement d'un Empire d'Occident, confédération des trois pays — autonomes et jusqu'à un certain point indépen-

d'ennemis, — déclare qu'il donnerait sa vie pour que l'Alsace redevint française. Cette solution s'impose, ajoute-t-il, si l'on veut éviter le krach prochain des finances européennes. Mais il assure qu'elle est actuellement irréalisable ; « car, si les Français, d'une part, n'oublieront jamais la blessure faite à leur pays en 1870, il n'est pas un Allemand dans toute l'Europe qui consente à la cession d'un sol que ses compatriotes arrosèrent si glorieusement de leur sang. »

dants — de France, d'Allemagne et d'Alsace-Lorraine.
Guillaume de Hohenzollern, moderne Charlemagne, serait à la fois Kaiser d'Allemagne, prince d'Alsace-Lorraine et souverain de la République française ; et l'Alsace-
Lorraine jouerait le rôle d'arbitre naturel entre la France
et l'Allemagne ; etc. Nous n'entrons pas dans les détails
de cette rêverie qui sont moins intéressants. Mais l'idée
même qui l'a suggérée était curieuse à signaler ; car elle
repose sur cette assertion qui n'est peut-être pas dénuée
de tout solide fondement : « Il n'y a rien d'inconciliable
entre Français et Allemands ». Volontiers nous faisons
nôtre cette opinion, mais en la modifiant légèrement et en
la complétant : « Il n'y aura plus rien d'inconciliable entre
Français et Allemands, le jour où la question d'Alsace-
Lorraine sera réglée à la satisfaction de la France, de l'Allemagne et de l'Alsace-Lorraine, et ce jour-là seulement. »

APPENDICE BIBLIOGRAPHIQUE

PUBLICATIONS

SUR

LA QUESTION D'ALSACE-LORRAINE ·

ET SUR

LA NOUVELLE ALSACE DEPUIS 1870

Première contribution à une bibliographie néo-alsatique

BARRÈS (Maurice). — **Au Service de l'Allemagne** (Les Bastions de l'Est). — *A. Fayard*, Paris, 1905.

BAZIN (René). — **Les Oberlé**, roman. — *Calmann-Lévy*, Paris, 1903.

BENOIT (A). — **Lichtemberg, la Petite-Pierre, Phalsbourg** (Par *Un Passant*). — Strasbourg, 1872.

BRUNNER (Moriz). — **Die Vertheidigung von Strassburg im Jahre 1870.** — Wien, 1872.

CERFBEER DE MEDESLHEIM. — **Biographie alsacienne-lorraine.** — *Lemerre*, Paris, 1879.

DELAFOREST (Guy). — **L'Alsace : Souvenirs de la guerre de 1870-1871.** — Tours, 1893.

DESCHAMPS (Philippe). — **A travers les pays encore annexés !** — Paris, 1891.

DUMONT (Albert). — **L'Administration et la Propagande Prussienne en Alsace.** — *Perrin*, Paris, 1883.

(*) En tant qu'il est une bibliographie de la Question d'Alsace-Lorraine, ce travail sans doute est incomplet. Mais à côté des omissions involontaires, il en est d'autres sciemment commises. C'est ainsi que l'auteur délibérément ne cite pas les nombreuses histoires de la guerre où « la question » est, plus ou moins bien, avec plus ou moins d'ampleur, présentée et examinée. Pas davantage il ne mentionne les articles de journaux et les études des revues : ils sont trop ; et trop souvent d'un intérêt banal et médiocre.

EGIDY (Von) et MOCH (Gaston). — **L'Ere sans violence. Le traité de Francfort.** — Paris, 1899.

ERCKMANN-CHATRIAN. — **Le Plébiscite,** roman. — *Hetzel,* Paris, 1872.

— **L'Alsace,** drame. — *Hetzel,* Paris.

FARCY (Camille). — **Le Rhin français.** — Paris, 1880.

FISCHBACH (Gustave). — **Le Siège et le Bombardement de Strasbourg.** — Strasbourg, 1870.

FLACH (Jacques). — **Strasbourg après le bombardement** [2 octobre 1870-30 septembre 1872]. — Strasbourg, 1873.

GANIER (H.). — *Voir :* TUEFFERD.

GRAD (Charles). — **L'Alsace** (le Pays et ses habitants). — Paris, 1889.

HEIMWEH (Jean). — **La Question d'Alsace.** — *Hachette* Paris, 1889.

— **Droit de conquête et Plébiscite.** — *Armand Colin,* Paris.

— **L'Alsace-Lorraine et la Paix.** — *Armand Colin,* Paris.

— **La Guerre et la Frontière.** — *Armand Colin,* Paris.

— **La Parole soit à l'Alsace-Lorraine.** *Armand Colin,* Paris.

— **Allemagne, France, Alsace-Lorraine.** — *Armand Colin,* Paris.

HINZELIN (Emile). — **En Alsace-Lorraine.** — *Berger-Levrault,* Paris, 1904.

IGNOTISSIMUS — **Une Voix d'Alsace.** — *Armand Colin,* Paris.

ILEX (F.). — **Vor Strassburg** [Erinnerungen aus dem Jahre 1870]. Strassburg, 1897.

JOUSSET (P.). — **L'Allemagne contemporaine illustrée.** — *Larousse,* Paris, 1902. (La Description de l'Alsace : pp. 99 à 122.)

KLŒCKLER (M⁰ la baronne de). — **La Société de Strasbourg.** — Étude suivie du *Carnet mondain strasbourgeois* qui la complète. — Colmar, 1888.

LABAND (P.). — **Le Droit public de l'Empire allemand.** Édition française (1900-1904) : Tom. II, trad. par C. Gandilhon et Th. Lacuire. — *Giard et Brière*, Paris.

LAURENT-ATTHALIN (G.). — *Voir :* RISLER.

LÉONI (Alb.). — **Das offentliche Recht des Reichslandes Elsass-Lothringen.** — *Paul Siebeck*, Freiburg, 1892.

LEROY DE SAINTE-CROIX. — **L'Alsace en fête,** ou Histoire et Description des fêtes, cérémonies, etc., de l'Alsace. — Strasbourg, 1880.

LICHTENBERGER (F.). — **Le Protestantisme et la guerre de 1870.** — Strasbourg, 1872.

MASSON-FORESTIER — **Forêt-Noire et Alsace.** — *Hachette*, Paris, 1903.

MÉZIÈRES (Alfred). — **Récits de l'Invasion.** 3ᵉ édit. — *Perrin*, Paris, 1884.

MICHIELS (Alfred). — **Les Droits de la France sur l'Alsace et la Lorraine.** — Bruxelles, 1871

MOCH (Gaston). — **L'Alsace-Lorraine devant l'Europe.** — *Ollendorff*, Paris, 1894.

— **Alsace-Lorraine : Réponse à un pamphlet allemand.** — *Armand Colin*, Paris, 1895.

— *Voir :* **Egidy.**

PITON (Frédéric). — **Siège de Strasbourg.** Journal d'un assiégé. Notes et dessins par Alfred Touchemolin. — Paris, 1904.

RÉGAMEY (Jeanne et Frédéric). — **Récits d'un vieil Alsacien.** Dessins de Frédéric Régamey. — *Albin Michel*, Paris, 1905.

REUSS (Rod). — **Les Bibliothèques publiques de Strasbourg, incendiées dans la nuit du 24 août 1870.** — Paris, 1872.

RISLER (Ch.) et LAURENT-ATTHALIN (G.). — **La Guerre en Alsace : Neuf-Brisach.** Souvenirs de siège et de captivité. — Paris, 1881.

ROUVRE (Charles de). — **Française du Rhin,** roman. — *Armand Colin*, Paris.

SCHŒBEL (Charles). — **La Question d'Alsace au point de vue ethnographique.** — Paris, 1872.

SCHŒN (Henri). — **Le Théâtre alsacien.** Bibliographie complète du *Théâtre Alsacien*; biographie des auteurs. — Strasbourg, 1903.

SCHNEEGANS (A). — **Quarante jours de bombardement : Strasbourg.** (Par un Réfugié strasbourgeois). — Neuchâtel, 1871.

— **La Guerre en Alsace : Strasbourg.** — Neuchâtel, 1871.

SCHURÉ (Edouard). — **La Légende de l'Alsace.** — Paris, 1884.

SEINGUERLET (E.). — **L'Alsace française : Strasbourg pendant la Révolution** — Paris 1881.

STHAEHLING (Charles). — **Histoire contemporaine de Strasbourg et de l'Alsace (1830-1872).** — Nice et Nancy, 1884-1887.

STRAUS (Émile). — **Le Théâtre Alsacien.** — *La Critique,* Paris, 1901.

— **La Nouvelle Alsace :** *La Critique,* Paris, 1902.

TISSOT (Victor). — **L'Alsace-Lorraine après 1870.** Voyage aux Pays annexés. — *Flammarion,* Paris, 1876.

TOUCHEMOLIN (Alfred). — **Strasbourg militaire.** — Paris, 1895.

— **Quelques Souvenirs du Vieux-Strasbourg.** Strasbourg, 1903.

TUEFFERD (E.) et GANIER (H . — **Récits et Légendes d'Alsace.** Paris. *s. d.*

UHRICH (Le général). — **Documents relatifs au Siège de Strasbourg.** — Paris, 1872.

WITTICH (Dʳ Werner). — **Deutsche und franzosische Kultur im Elsass.** — *Schlesier und Schweikhardt,* Strassburg, 1900. — Trad. franc. par A. Korn. — *Giard et Brière,* Paris, 1903.

ZENKER (Joseph). — **Lustiger Führer durch Strassburg.**
In Reimen von Max und Moritz. Illustriert. — Strassburg. 1905.

" — **Les États-Unis d'Europe et la Question
d'Alsace-Lorraine,** par *Un Européen.* — Paris, 1902.

Revue d'Alsace. Années 1872 à 1880. — Colmar et Belfort.

Revue Alsacienne, fondée en 1877. — Paris et Nancy.

Revue du XX⁰ siècle. — Mulhouse.

Revue Alsacienne illustrée (*Illustrierte Elsaessische Rundschau*),
fondée en 1898. — Strasbourg.

L'Alsacien-Lorrain, journal hebdomadaire fondé en 1880. — Paris.

Le Messager d'Alsace-Lorraine.

www.ingramcontent.com/pod-product-compliance
Lightning Source LLC
LaVergne TN
LVHW012325050726
842524LV00004B/1613